DE
L'ANTAGONISME SOCIAL
SES CAUSES ET SES EFFETS

IMPRIMERIE G. GUILLAUME FILS. — NEUCHATEL.

DE
L'ANTAGONISME SOCIAL

SES CAUSES ET SES EFFETS

DISCOURS N'AYANT PU ÊTRE PRONONCÉ AU CONGRÈS DE LA PAIX
ET DE LA LIBERTÉ

PAR

ADOLPHE CLÉMENCE

MEMBRE DE LA COMMUNE DE PARIS

SE TROUVE
CHEZ LES CITOYENS QUI CROIENT EN LA JUSTICE.
— 1871 —

A LA MÉMOIRE

DE

MES FRÈRES ET DE MES SŒURS

MASSACRÉS

PAR

L'ARMÉE DE VERSAILLES

ET

AUX

COMBATTANTS & AUX DÉFENSEURS

DE LA

CAUSE COMMUNALE

HOMMAGE RESPECTUEUX D'UN ENFANT DE PARIS,

ADOLPHE CLÉMENCE,

Membre de la Commune de Paris,

élu par le 4e Arrondissement.

Lausanne, Octobre 1871.

PRÉFACE

Pour le proscrit il y a peu de droits, mais beaucoup de devoirs. Il ne doit pas oublier que vis-à-vis du peuple qui lui donne asile ou le tolère sur son territoire, il personnifie, en quelque sorte, la patrie qu'il vient de quitter et aussi l'opinion pour laquelle il souffre et combat. Il doit, s'il veut leur attirer des sympathies, les faire respecter en sa personne, et se souvenir, puisqu'on le lui a rappelé, que *son attitude et la réserve qui convient à sa position* l'obligent à laisser passer certaines attaques, certaines calomnies, sans y répondre, et certains actes de partialité sans récriminer (1).

Nous tairons donc, pour le moment, l'impression qu'ont laissée dans notre esprit les séances du Congrès dit de la Paix et de la Liberté, et nous réserverons notre appréciation sur les procédés employés pour éluder certaines promesses, nous contentant seulement d'énoncer cette opinion : Que si la Commune de Paris a des adversaires acharnés et de dévoués partisans, nous croyons que le plus grand nombre n'a pas encore en main les

(1) Voir la protestation des *conservateurs* suisses et autres, lue au Congrès dit de la Paix et de la Liberté, le 28 septembre 1871.

éléments nécessaires pour se prononcer à ce sujet ; à ceux-là, nous apportons notre témoignage, et quoique ce soit celui d'un vaincu, nous affirmons que c'est celui de la vérité.

Aux adversaires et aux calomniateurs de la cause que nous nous honorons de servir et de défendre, nous ne dirons que ceci : il y a entre vous et nous le sang de plus de trente mille de nos frères, il y a aussi plus de quarante mille prisonniers et leurs souffrances et leurs tortures, il y a leurs familles désolées, meurtries, ruinées, il y a vos calomnies, vos infamies, vos crimes. Pour vous, nous sommes et nous resterons irréconciliables.

Aux partisans et aux défenseurs des droits des peuples et des libertés communales, nous serrons la main en leur disant : Merci et courage, les fautes et les crimes de nos vainqueurs se retourneront bientôt contre eux, et ce jour-là nous serons tous debout.

Un dernier mot. Enfant de Paris, la ville à laquelle nous appartenons a toujours été ouverte à toutes les nations, à tous les proscrits, à toutes les infortunes, nous dirons même à tous ses ennemis. Jamais le Parisien n'a cherché à faire prévaloir ses droits vis-à-vis de ceux auxquels il donne si largement l'hospitalité. Jamais il n'a insulté le malheur ni calomnié des vaincus. Pour lui, sa ville appartient non seulement à la France, mais encore à l'humanité, et s'il s'enorgueillit de sa gloire, si ses malheurs l'ont laissé frémissant, c'est que cette gloire et ces malheurs sont ceux de la liberté.

Aujourd'hui un grand nombre de ses citoyens ont succombé dans un désastre immense ou sont prisonniers d'un vainqueur mille fois maudit par nos mères, nos épouses, nos enfants et nos sœurs ; d'autres sont proscrits et errants.

Au nom de ces derniers, nous venons revendiquer hautement un droit d'asile que nous avons si souvent accordé, une hospitalité que nous n'avons jamais refusée, enfin la réciprocité à laquelle nous avons droit.

Nous terminons en déclarant que, soldat de la cause populaire, nous sommes de ceux qui n'ont à regretter aucun de leurs actes, à rétracter aucune de leurs paroles, et à n'oublier aucun de leurs écrits ni aucune de leurs promesses.

A. C.

DE
L'ANTAGONISME SOCIAL

SES CAUSES ET SES EFFETS

Puisque la tribune de ce congrès est ouverte à ceux qui croient avoir une parole de vérité à prononcer, une revendication à produire, j'y viens à mon tour, et prenant pour point de départ les causes de l'antagonisme entre les citoyens, j'essaierai de dire d'où vient le mal, à qui en incombe la responsabilité, et j'apporterai les protestations des dernières victimes que cet antagonisme a produit.

Les causes de l'antagonisme existant entre les citoyens sont multiples, mais dérivent toutes de la même source, le privilége acquis presque toujours par la naissance ou la fortune, rarement par le talent ou la science. Quelle qu'ait été la forme de gouvernement des peuples dits civilisés, quelles qu'aient été leurs mœurs, il est toujours facile à l'historien et au philosophe de les diviser en deux classes : celle des privilégiés et celle des exploités, ces derniers devant toujours payer de leur personne ou de leur travail non seulement les besoins, mais aussi les fautes et les crimes des premiers.

Nous savons qu'à ces accusations d'exploiter ou de bénéficier induement sur la partie la plus nombreuse et la moins favorisée d'une nation, les classes privilégiées, ou dirigeantes, pour employer leur langage, objectent que la prétendue exploitation dont on les accuse n'est que l'équivalent des services de toutes sortes qu'elles rendent à leurs concitoyens, dont elles sont les mandataires, ou les guides à différents degrés.

Cette réponse n'est aujourd'hui qu'un lieu commun, facile à réfuter, en demandant à ces prétendus mandataires, d'où dérivent leurs droits, sur quelles bases ils les font reposer, et quelle est leur responsabilité devant ceux qu'ils prétendent représenter. La tradition, la naissance, la possession des richesses ou du sol, la science plus ou moins vraie, plus ou moins sérieuse, voilà les seuls droits dont ils puissent arguer pour gouverner ou exploiter un peuple ; quant à la responsabilité, elle existe quelquefois à l'état de théorie, mais bien plus rarement à l'état pratique, et chose assez bizarre, plus l'on remonte l'échelle sociale, plus il est difficile d'appliquer ce principe de la responsabilité.

Et ici que l'on ne vienne pas dire que si autrefois il y a eu des abus dans l'organisation politique et sociale, ces temps sont loin de nous et qu'aujourd'hui les progrès réalisés ont élevé le niveau intellectuel des nations, les ont associées par le jeu des institutions au pouvoir gouvernemental et abaissé pour les citoyens intelligents et capables les barrières qui s'opposaient à leur émancipation politique et sociale.

Non, malgré quelques fausses apparences, cela n'existe pas, et nous continuons à assister à ce spectacle, de voir la classe la moins nombreuse d'une nation, détenir le pouvoir et les fonctions publiques au détriment de la grande majorité des citoyens qui ne peuvent acquérir l'instruction et les connaissances nécessaires pour administrer les affaires de leur pays, ou exercer les professions dites libérales, lesquelles continuent à être l'apanage presque exclusif de la classe en possession de laquelle est la fortune ou le pouvoir.

Jamais cette classe n'a eu la pensée de renoncer à ses priviléges; et pour peu que l'on étudie l'histoire de notre époque, l'on sera forcé de convenir que moins que jamais elle est disposée, nous ne dirons pas à partager sa puissance, mais seulement à faire les *concessions nécessaires*.

Maintenant quelle est notre situation actuelle ?

Au point de vue économique, le petit commerçant, le petit fabricant, sont atteints mortellement par la création commerciale ou industrielle de ces compagnies financières, appelant sous forme d'actions les capitaux dans un centre désigné, afin d'entreprendre sur une grande échelle telle fabrication, telle industrie ou tel commerce.

Nous savons tous comment l'on opère dans ces conditions : les actions, ou futures parts de propriété, offertes à la fortune publique, sont acceptées d'autant plus facilement que les bénéfices s'escomptent à l'avance au moyen de ces jeux de bourse trop connus, lesquels ne tardent pas à concentrer entre les mains de quelques-uns une propriété importante souvent créée avec le concours des petits capitaux.

La majorité des commerçants et des industriels peuvent-ils lutter contre ces nouveaux venus ? L'expérience a répondu, et la lumière est faite sur ce point. Ils sont frappés dans leur indépendance, écrasés par une concurrence impitoyable, et condamnés à disparaître ou à devenir les agents des monopoleurs dont ils seront forcés d'accepter les conditions.

Quelle est d'un autre côté la position que crée à l'ouvrier cette nouvelle phase dans laquelle est entrée notre industrie ?

Incontestablement l'ouvrier revient peu à peu à son ancienne condition de dépendance et de servage. Dans certains endroits le fait est même accompli.

Faut-il citer des noms ?..... nous nous contenterons d'un seul : l'usine Schneider, du Creuzot. Elle est devenue un modèle auquel s'efforcent d'atteindre les établissements analogues.

Là l'ouvrier est parqué, non-seulement dans un coin de terre, mais aussi dans une spécialité de travail, souvent dangereux ou abrutissant ; il y finit ses jours laissant, pour le remplacer, sa famille implantée sur ce sol, laquelle ne connaît pas d'autre horizon et ne reçoit en fait d'instruction ou d'éducation que ce qu'il plait à ses maîtres de laisser parvenir jusqu'à elle.

C'est qu'en effet nos chefs d'industrie font bonne garde autour du domaine dont ils sont possesseurs ; ils ne se contentent pas d'être les seuls dispensateurs du travail : ce sont eux également qui en fixent le prix et la durée, et là ainsi qu'à la Bourse ils font à volonté la hausse ou la baisse. Hélas, plus souvent la baisse !

Mais ce pouvoir autocratique ne leur paraît pas encore suffisant ; à l'autorité du chef d'industrie, autorité financière et économique, ils désirent joindre le pouvoir civil et politique. N'ont-ils pas sous la main les électeurs nécessaires à l'accomplissement de leurs desseins ? Le mot d'ordre est donné, les promesses et les menaces sont adroitement adressées à ceux dont on croit avoir besoin d'échauffer le zèle, ou d'effrayer l'indépendance ; et la majorité des votants nomme maire, conseiller général, voire même député, cet industriel financier.

Il est alors véritablement seigneur et maître du pays, car il a pour veiller à ses intérêts dans l'usine : ses employés, ses contre-maîtres, ses chefs d'atelier ; et pour maintenir son autorité dans le pays : le garde-champêtre, le maître d'école, le curé, le juge de paix, les gendarmes et même l'armée ; il est vrai que cette dernière n'intervient que dans les grandes occasions : *pour rétablir l'ordre* — c'est-à-dire pour fusiller les hommes, les femmes et les enfants, comme à Aubin, à la Ricamarie et ailleurs.

Y a-t-il un contre-poids à une semblable puissance ? Il y a la grève, objecteront certains bourgeois économistes. La grève, c'est-à-dire la faim et la misère, non seulement pour l'homme, mais aussi pour la femme et les enfants. Nous savons ce que vaut ce moyen, qui n'est le plus souvent qu'un immense traquenard dont se sert la bourgeoisie industrielle pour se débarrasser des travailleurs les plus énergiques, les plus écoutés de leurs camarades ; et si de temps à autre certaines grèves ont réussi, le triomphe a peu duré, bientôt l'ouvrier se retrouvait dans la même situation qu'auparavant, heureux encore quand elle n'était pas aggravée.

Non, l'ouvrier n'a aucun recours légal contre les exigences ou les prétentions de ses maîtres ; il lui faut se soumettre ou quitter le pays, l'endroit où il est né, où sont ses parents, ses amis ; il lui faut, s'il ne veut pas accepter les conditions qui lui sont imposées, quitter tout cela, s'expatrier pour ainsi dire, à moins... qu'il ne préfère se révolter et reconquérir par la force son indépendance.

Voilà où en est arrivée, dans une certaine mesure, la situation économique de la France et d'une partie de l'Europe.

Ajoutons qu'elle ne fait que s'accentuer chaque jour davantage, aggravée qu'elle a été par les événements militaires et politiques de ces derniers temps, événements désastreux, qui ont couvert la France de hontes, de sang et de ruines, et dont la responsabilité retombe tout entière sur cette classe de privilégiés et d'exploiteurs sans merci qui gouvernent encore aujourd'hui.

Ce sont les hommes politiques de ce parti qui ont soutenu l'empire pendant près de vingt années. Ce sont eux qui, il y a quelques mois, poussaient au scrutin plébiscitaire sept millions et demi d'électeurs affolés, ignorants ou vivant de la corruption impériale. Ce sont eux qui, voyant l'empire tomber en enfance, préparèrent et firent réussir cette révolution de palais mettant à la tête du gouvernement impérial des ministres dont plusieurs étaient gagnés au parti orléaniste, et dont le rôle était d'engager l'empire dans une guerre qui, si elle réussissait, devait bénéficier à coup sûr aux nouveaux ministres responsables, leur permettant de s'imposer à l'homme de décembre, et de préparer plus sûrement la place aux princes d'Orléans.

Si la guerre était défavorable à la France, le résultat ne paraissait pas moins acquis à la cause que servaient ces hommes ; l'empire, emporté par les événements, ne devait-il pas laisser forcément le pouvoir entre les mains des classes dirigeantes, lesquelles n'avaient plus qu'à préparer la place à un nouveau sauveur.

Grâce à l'incapacité et à la trahison de presque tous les généraux ; grâce à la lâcheté ou au manque de patriotisme de la majeure partie des officiers ; grâce aussi à une armée dont la base d'organisation reposait sur le privilége et le favoritisme, et dont la carrière était devenue un métier, une exploitation pour un grand nombre, nous fûmes vaincus.... ou plutôt la France fut abandonnée par son armée.....

La nation se leva alors pour remplacer ses indignes

défenseurs, mais elle se heurta à un *plan* infâme conçu et mis à exécution par un nouveau gouvernement sorti, lui aussi, de la même classe que les précédents.

Ce gouvernement avait pris pour titre officiel : *Défense nationale ;* pour maxime : *Ni un pouce de notre territoire, ni une pierre de nos forteresses ;* mais pour mot d'ordre : *La Défense n'est pas possible.*

En effet, il ne voulut pas que la défense fût possible ; tout fut mis en œuvre pour arriver à ce but : la démoralisation fut introduite dans l'armée, dont beaucoup d'officiers se livraient à toutes sortes d'excès, tandis que les soldats, nourris insuffisamment et à peine vêtus, se laissaient aller aux suggestions de mystérieux émissaires, qui les excitaient à demander la paix et semaient dans leurs rangs la haine contre la garde nationale.

A Paris, la garde nationale, dont la grande majorité était composée de cette classe de travailleurs toujours exploitée, toujours sacrifiée, était en effet le seul empêchement à une honteuse capitulation dont elle avait déjà arrêté l'accomplissement au 31 octobre. Que ne fit-on pas pour la décourager et la tromper ? Il faut avoir vécu dans ses rangs et ne pas les avoir quittés un seul instant, pour apprécier la patience dont elle a fait preuve, l'énergie et l'héroïsme qu'elle a déployés jusqu'à la fin et même au delà de la fin.

Tout cela a été inutile ; la capitulation méditée dès les premiers jours n'a été reculée que de quelques semaines, et les prétendants qui se disputent en ce moment la possession du pouvoir peuvent dire qu'ils n'ont jamais été mieux servis que par le gouvernement de la prétendue défense nationale, lequel ne posséda aucune vertu civique, fut sans héroïsme et sans patriotisme, et finit honteusement, accablé du mépris de Paris, dont il éclaboussa l'écusson de sa trahison et de son ignominie.... Qu'il soit maudit !

Les hommes qui le composaient étaient pourtant les plus illustres représentants de cette bourgeoisie libérale que le peuple aida à vaincre, il y a quatre-vingts ans, et au sein de laquelle il a toujours choisi ses chefs et ses guides. Chaque fois qu'il a conquis la puissance, toujours il l'a remise entre les mêmes mains, témoin 1830, 1848, 1870 ; et toujours les mêmes hommes ont entraîné la nation dans des entreprises où, d'aventures en aventures, nous sommes arrivés à l'invasion et au démembrement de la France.

A ces épouvantables désastres, ces hommes en ont ajouté un nouveau plus cruel, peut-être, que les précédents. La guerre civile, provoquée par le gouvernement de Thiers, est venue augmenter les ruines et les malheurs accumulés par le gouvernement de septembre. Paris s'est vu bombardé, incendié et ravagé par ordre de l'assemblée de Versailles, laquelle a employé pour combattre des Français ceux qui n'avaient pas su vaincre les Allemands et s'étaient rendus à eux

Oui, ces généraux, ces officiers, ces soldats qui n'avaient su trouver devant l'ennemi ni science, ni courage, ni patriotisme, se ruèrent pendant près de soixante jours contre une ville qui, malgré son gouvernement, avait su se défendre pendant cinq mois contre l'Allemagne et jusqu'au bout avait refusé de se rendre, restant encore, le jour de la capitulation qui lui fut imposée, l'arme au bras, prête à croiser la baïonnette contre les bandes du Nord si elles avaient osé sortir du coin de la capitale de la France où le patriotisme des citoyens de Paris les avait parquées.

Cette lutte épouvantable remplit les mois d'avril et de

mai, durant lesquels Paris reçut pour prix de son héroïsme et de ses souffrances les obus, les boîtes à mitraille, les balles explosibles que lui envoyait Versailles. Chaque jour ces projectiles faisaient de nouvelles et innocentes victimes, et la nuit on les voyait passer, parfois semblables à une masse sombre et mugissante, tantôt éclairant l'espace, vomissant la flamme et allant allumer de nouveaux incendies et causer de nouveaux désastres (1).

Qui pourra jamais décrire la situation de Paris, pendant le siége qu'il soutint contre Versailles? Que d'inquiétudes, que d'anxiétés à l'intérieur! que de courage et d'abnégation ne déployèrent pas les citoyennes de la grande ville! Elles furent vraiment héroïques. Epouses ou mères, elles savaient se séparer sans faiblesse de ceux qu'elles aimaient, elles connaissaient le chemin des avant-postes et des lieux de combat où chaque jour elles allaient les retrouver, portant leur nourriture, les tenant au courant des nouvelles et écoutant les récits des dangers courus, des triomphes remportés.

Les jeunes filles tendaient la main à ceux qui partaient au combat, elles avaient des sourires pour les plus braves et des exhortations fraternelles, touchantes et parfois énergiques pour ceux qui laissaient des regrets derrière eux. Souvent l'enthousiasme dont elles étaient animées ne se contentait pas de ces démonstrations, elles suivaient les bataillons jusqu'aux remparts, jusqu'aux forts et aux endroits de la bataille pour soigner et consoler ceux qui tombaient et quelquefois prendre le fusil pour les venger.

Paris fut vraiment sublime, et pour beaucoup de ses citoyens « vaincre ou mourir » ne fut pas un vain mot. Salut à ceux qui sont tombés! Que leurs noms se con-

(1) Voir aux *Pièces justificatives*, A.

servent dans nos mémoires, qu'ils soient répétés par nos enfants ; et nous qui avons survécu à ce naufrage de nos libertés et de nos droits, rappelons-nous comment ceux-là surent accomplir leur devoir. Que le sang de tous ces héros, de tous ces martyrs de la cause du peuple, n'ait pas été versé en vain, et puissions-nous en rapporter bientôt le prix à ces mères, à ces épouses, à ces enfants, désolés, vaincus dans leur patriotisme, souffrants dans leurs plus chères affections.

Sur les remparts et au dehors de la ville, dans les forts, les redoutes, les tranchées, les barricades et les maisons, se livraient des combats chaque jour plus nombreux et plus meurtriers. Le courage des citoyens n'était égalé que par la cruauté et la férocité des troupes versaillaises. Ces soldats qui savaient si bien s'enfuir devant les troupes allemandes, n'étaient braves qu'à distance, et ne montraient leur héroïsme qu'en fusillant les prisonniers, achevant les blessés et massacrant les citoyennes courageuses et dévouées qui leur donnaient des soins.

Combien de nos ambulancières, croyant être à l'abri des fureurs de la soldatesque, couvertes qu'elles étaient par l'insigne de la convention de Genève, furent outragées et massacrées par ces soldats de « l'Ordre » dont les forfaits feraient horreur même à des bandits.

Toujours nous nous souviendrons de ces deux jeunes filles qui vinrent nous demander l'autorisation de suivre le 22ᵉ bataillon, dans les rangs duquel se trouvaient des citoyens qu'elles ne voulaient pas quitter. Nos observations ne purent ébranler leur résolution, et leurs insistances triomphèrent de nos scrupules. Le 10 mai dans l'après-midi, nous leur délivrâmes l'autorisation qu'elles sollicitaient.

Le lendemain, nous trouvant à Vanves, nous y trouvions le 22e bataillon en proie à l'indignation et à la douleur la plus grande. Ayant été égaré dans sa marche, il était tombé, à quatre heures du matin, dans les avant-postes versaillais, dont les feux meurtriers lui avaient fait éprouver des pertes assez sensibles ; plusieurs hommes étaient tombés atteints plus ou moins grièvement, et les autres avaient dû, pour éviter le même sort, se retirer derrière une barricade.

Une des deux citoyennes qui accompagnaient le bataillon à titre d'ambulancières, s'avança alors pour panser les malheureux blessés ; elle avait la croix de Genève sur la poitrine. Les soldats de Versailles s'avancèrent aussi ; on supposait qu'ils allaient faire prisonniers ceux qui venaient de tomber, mais arrivés près d'eux, ils s'emparèrent de l'infortunée jeune fille, et malgré les supplications des blessés, au milieu de leurs cris de douleur et d'indignation, ils massacrèrent cette héroïque enfant, véritable martyr de son dévouement. Elle se nommait Armande Lefort et n'avait que dix-sept ans. Ensuite vint le tour des blessés qui tous, à l'exception d'un seul, subirent le même sort.

Cet acte de férocité fut commis par les soldats du 64e de ligne. Que ceux qui croient à la justice se souviennent (1) !

Rien n'arrêtait la rage dont Versailles était possédé ; ni les remontrances et les supplications venues de différentes villes ; ni les propositions faites par quelques citoyens ; ni la courageuse et touchante manifestation de la Franc-Maçonnerie. Tout a été inutile, et rien ne put sauver la capitale de la France, coupable du crime de ne

---

(1) Voir aux *Pièces justificatives*, B.

pas s'être laissé désarmer et d'avoir voulu posséder ses libertés communales.

La fière cité expia ses patriotiques revendications de son sang et de ses ruines, elle succomba dans une suprême agonie qui dura du 21 au 28 mai. Chaque jour voyait le cercle de fer et de feu se rétrécir autour de ses défenseurs, et le nombre des cadavres qui les entouraient augmenter sans cesse.

Ce fut alors que se déchaînèrent dans toute leur hideur la haine et les fureurs dont la soldatesque et la réaction bourgeoise et cléricale étaient animées contre Paris.

Nous avons encore présents à l'oreille les cris sauvages et féroces de ces « soldats de l'Ordre » comme ils s'appelaient eux-mêmes. — « Allons, courage, courage ; à mort ! à mort ! » répétaient-ils en s'excitant entre eux ; et ils passaient leurs journées à tirer, de loin, sur des citoyens qui les attendaient de pied ferme. La fière contenance de ces véritables républicains prêts à mourir pour leur cause, en imposait aux soldats versaillais, qui n'osaient affronter leur désespoir. Pour emporter la barricade, il fallait faire venir l'artillerie, laquelle démolissait les maisons qui étaient proches pour en déloger les combattants. Toutes ces destructions ont été ensuite mises sur le compte de la Commune ; c'était tout naturel, n'était-elle pas vaincue ?....

Quand une barricade était prise, les officiers apparaissaient ; auparavant on ne les voyait que rarement ; alors les perquisitions et le pillage commençaient, ainsi que les massacres et les assassinats. Les gardes nationaux rencontrés dans le quartier, ceux que des haines politiques ou particulières dénonçaient, étaient emmenés sur les débris de la barricade, ou le long d'un mur, et là exécutés sans qu'il y eût même un simulacre de jugement. Quand l'on faisait un grand nombre de prisonniers, on les parquait dans certains endroits, puis on les fusillait ou on les mitraillait; témoin les massacres accomplis au Luxembourg, au Panthéon, à l'Hôtel-de-Ville, à Montmartre, au Château-d'eau, au cimetière du Père La Chaise, etc. Dans ces endroits les hommes tombaient par vingt, trente, quarante et plus.

Les mêmes atrocités étaient exercées contre les femmes. Nous n'avons pu savoir le nom de cette malheureuse qui, arrêtée avec un jeune enfant dans ses bras, fut traînée au Châtelet ; elle demandait son mari à tous ceux qui l'entouraient, et le croyant fusillé, ne put retenir son indignation. Elle paya de sa vie les murmures qui lui étaient échappés ; son jeune enfant tomba avec elle, et comme il donnait encore quelques signes d'existence, ses bourreaux l'achevèrent à coups de crosse.

Qui pourra dire aussi les noms de ces infortunées qui au nombre d'une centaine, furent exécutées à l'aide d'une mitrailleuse derrière l'Hôtel-de-Ville ? Des enfants, des adolescents ne furent pas non plus épargnés, ainsi que des blessés trouvés dans les ambulances ; au séminaire St-Sulpice, rue St-Antoine, etc., il y en eut un certain nombre qui furent fusillés, et quand ils ne pouvaient se lever, le sabre-baïonnette ou la crosse remplaçaient la balle du chassepot.

Est-ce tout ?..... Pas encore. On enterra pêle-mêle les blessés et les morts; le square de la Tour St-Jacques, le cimetière Montmartre, les casemates des fortifications, virent ces supplices dont l'antiquité elle-même avait horreur. La nuit, les habitants de ces quartiers entendaient les appels déchirants de ces malheureux, et pour calmer l'épouvante que de tels actes jetaient dans Paris, les journaux de « l'Ordre » se contentèrent de dire que le nombre de ceux qui avaient été enterrés vivants n'était pas aussi considérable que l'on pouvait le supposer !

Il y eut aussi la *chasse aux Fédérés* ; des chiens furent dressés à cette besogne ; on les lançait dans les endroits où l'on supposait devoir s'être réfugiés de ces malheureux. Les soldats pourchassaient alors le gibier humain...... Qui donc avait dit que la chasse aux esclaves n'existait plus? Si elle a disparu des forêts de l'Amérique, ç'a été pour revivre dans les carrières et les catacombes de Paris, où un grand nombre de gardes nationaux erraient depuis de longs jours, perdus, épuisés de faim et de fatigue. Au moment où ils allaient succomber, ils apercevaient des lueurs dans le lointain et entendaient des cris et des aboiements. C'était l'armée de Versailles qui s'approchait. Quelques minutes après, les malheureux étaient saisis par les terriers de « l'Ordre » et *rapportés* à ces soldats « d'une des plus belles armées que la France ait possédées (1). »

Il est horrible de raconter de semblables faits, et plutôt que de les croire on préférera supposer qu'il y a probablement exagération dans ce récit d'un vaincu. Pour dissiper ces doutes, nous nous contenterons de citer quelques extraits des récits faits par les écrivains versaillais eux-mêmes.

Voici M. Philibert Audebrand qui nous avoue que « la frénésie de la répression a été plus forte qu'au neuf thermidor. Dans tous les quartiers, à la vérité fumants encore, dit-il, j'entends crier à propos de la Commune : *Tuons les tous ! qu'il n'en reste pas un seul !* ...... Il n'y a jamais eu tant de sang dans les rues, » écrit-il à la fin de son livre (2).

(1) Circulaire Thiers, 1ᵉʳ avril.
(2) *Histoire intime de la Révolution du 18 mars*, pp. VI et 278.

« J'ai pensé plus tard, dit M. Frédéric Passy dans le *Journal des Economistes*, que la répression avait à plus d'un égard été excessive, j'ai notamment condamné l'attitude, à mon avis honteuse et véritablement sauvage, de la population versaillaise. L'insulte aux vaincus, les cris à mort proférés au hasard et parfois contre des innocents, ces représailles impitoyables et dans lesquelles se montre surtout la férocité de la peur, cela est à mes yeux non seulement un manque de pitié et de justice, mais un manque de prudence, car le sang sème le sang, la haine sème la haine.... (1) »

« Le sang coule dans les ruisseaux, » dit le journal *le Français* du 3 mai (2).

« Montmartre est pris, raconte l'écrivain Catulle Mendès, les fédérés ont mal résisté, on a beaucoup fusillé dans les ruelles et dans les allées des maisons (3). »

A Montmartre, « près de la tour Solférino, ajoute M. Ernest Daudet, dans un trou, on a fourré cent cinquante gardes nationaux (4). »

« L'insurrection a perdu un grand nombre de ses défenseurs ; le chiffre de ses morts est incalculable. On les enterre partout, sur les berges de la Seine, sur les places publiques ; il y en a même qui sont étendus sur un trottoir, et sur lesquels on jette un linceul de terre (5). »

« On n'exécutait pas dans les appartements mêmes,

---

(1) *Journal des Economistes*, septembre 1871.

(2) Cité dans le livre *Guerre des communeux de Paris*, par un officier supérieur de l'armée de Versailles, p. 277.

(3) *Les 73 journées de la Commune*, p. 310.

(4) *L'agonie de la Commune*, p. 97.

(5) *Guerre des communeux de Paris*, par un officier supérieur de l'armée de Versailles, p. 303.

dit encore M. Mendès, on faisait sortir quelques habitants et ceux-là ne rentraient plus (1). »

Plus loin il raconte que « au théâtre du Châtelet, un conseil de guerre est établi sur la scène. On amène les fédérés, vingt par vingt ; on les condamne ; conduits sur la place, les mains liées derrière le dos, on leur dit : « Tournez-vous. » A cent pas, il y a une mitrailleuse ; ils tombent vingt par vingt. Méthode expéditive (2). »

Cette « méthode expéditive, » n'était encore rien en comparaison des massacres qui s'accomplissaient sur d'autres points, car un écrivain versaillais, rédacteur militaire du journal *le Temps*, dit à ce propos : « L'installation des cours martiales à l'intérieur même de Paris a été à ce point de vue un bienfait (3). »

En effet les bandes versaillaises poussées par une férocité bestiale, fusillaient jusqu'aux personnes qui n'avaient pas voulu en aucune façon prendre part à la lutte ; les soldats égorgeurs en étaient arrivés à ce point de ne plus voir sur qui ils frappaient ; aveuglés par le sang dont ils étaient couverts, le sexe, ni l'âge, ni les cheveux blancs ne pouvaient trouver grâce devant eux (4).

C'est ainsi qu'une partie de la population parisienne fut massacrée, et le nombre en est si grand que Versailles n'a pas osé en donner le chiffre. D'après différentes affirmations, l'on compte vingt-cinq à trente mille victimes, en exceptant de ce calcul celles qui ont succombé avant le 22 mai.

(1) *Les 73 journées de la Commune,* p. 314.

(2) *Id.,* p. 323.

(3) Article reproduit dans le journal *le Voleur,* N° 727, p. 612.

(4) Voir aux *Pièces justificatives,* C.

Ce chiffre n'a rien d'exagéré si on le compare à ceux de l'enquête faite, il y a peu de temps, par quelques membres du Conseil municipal de Paris, lesquels déclarent que le minimum des victimes s'élève à cent mille tués, prisonniers ou disparus.

Relativement aux blessés, un certain monsieur qui signe Henri Morel, et dont le style offre un parfum tout particulier de policier en rupture de ban, nous avoue que « aussitôt découverts, en dépit de leur déguisement et de leurs fausses plaintes, ils étaient emmenés au pied d'un arbre où s'achevait la guérison en un clin d'œil (1). »

Détail incroyable et montrant la haine féroce de ces bourgeois : il y a de ces malheureux qui ont été fusillés et n'en passeront pas moins en conseil de guerre. Voici ce que nous lisons à ce sujet dans *le Français* du 2 octobre 1871 : « Un jeune fédéré fut pris les armes à la main et fusillé par les soldats. Le coup de grâce lui fut même donné, et la dernière balle lui traversa la tête de part en part. Son corps était criblé de balles. Eh bien, ce jeune homme a été quelque temps après avoir été fusillé, retrouvé vivant. Il a été transporté à l'hôpital, où des soins intelligents lui ont été donnés, et il est aujourd'hui vivant et bien portant. *Cependant il n'a pas sa grâce.* On dit qu'il va passer dans quelques jours devant un conseil de guerre. »

Ce jeune homme, en ce moment à Satory, et qui a été littéralement massacré, n'a que dix-huit ans et en paraît tout au plus quinze ou seize, il se nomme Auguste Vugta. Sera-t-il, comme Martin Bidauré, fusillé une seconde fois ?

En ce qui concerne les *chasses à l'homme* auxquelles se livrèrent les Versaillais, on lit dans l'*Opinion nationale* que « traqués de tous côtés comme des bêtes fauves,

---

(1) *Le pilori des communeux*, p. 217.

non-seulement par les hommes, mais encore par de gros chiens ratiers, qui sont un précieux auxiliaire dans cette chasse à l'homme, les derniers débris de la fédération communiste ont été en quelque sorte cueillis par vingtaines (1). »

Après de telles horreurs, que dire du sort des prisonniers; de ceux qui gémissaient à Versailles, hommes, femmes et enfants, couchés dans la boue, ne vivant que de pain et d'eau distribués avec parcimonie ; de ceux qui étaient placés sous la haute direction du corse bonapartiste Christophini, lequel ne leur ménageait ni les brutalités, ni les insultes. Que dire du sort de ces infortunés dirigés chaque nuit pêle-mêle, enchaînés, sur Brest, la Rochelle, Lorient ou Cherbourg, dans de longs trains du chemin de l'Ouest qui en emportaient à la fois mille ou douze cents, enfermés dans des wagons à marchandises(2) pour être ensuite parqués et entassés sur les pontons, exposés à toutes les souffrances d'un tel état de choses et à toutes les intempéries de saison provoquées par un tel séjour ?

A leur égard nous ne retiendrons qu'un aveu des bourreaux et une plainte des victimes.

Voici l'aveu : « Au premier abord, dit M. Philibert Audebrand, on soufflait au chef du pouvoir exécutif l'idée d'en finir en étouffant les accusés dans les supplices ou bien en les exilant mille par mille dans les colonies les plus lointaines (3). » Cette proposition que notre plume ne peut qualifier, devait être mise à exécution envers cinquante mille prisonniers !

(1) Cité dans le journal *Le Voleur*, N° 734, p. 735.

(2) *Guerre des communeux de Paris*, par un officier supérieur de l'armée de Versailles, p. 307.

(3) *Histoire intime de la Révolution du 18 mars*, p. 276.

En attendant que le sort de ceux qui restent sur les pontons soit fixé, on les décime peu à peu par des supplices dignes du moyen-âge. Voici à ce sujet une des plaintes de ces malheureux qui a pu parvenir au journal *la Constitution*, de Paris:

Rade de Brest, 17 septembre 1871.

Monsieur le rédacteur,

Si les questions politiques divisent les peuples, il en est une qui réunit tous les partis et qu'aucune nation ne doit et ne saurait oublier, celle de l'humanité.

Depuis bientôt quatre mois, des hommes de cœur, de conviction, et des innocents ne connaissant pas le premier mot de la politique, gisent entassés pêle-mêle dans les prisons et sur les pontons de l'Etat.

Inutile de vous parler de la situation pénible qui nous est faite par les petites misères journalières que nous avons à subir, sous prétexte de discipline. Cependant il est une punition que je dois signaler ici et qui devrait bien disparaître des règlements français, car elle n'est plus de notre siècle, et pour en retrouver l'origine il faut remonter à l'Inquisition.

Cette punition consiste à mettre le patient à la cale, les deux pieds passés dans deux anneaux de fer attenant à une tringle de fer solidement clouée au parquet; on reste là au moins quatre jours et quatre nuits, couché sur le dos sans pouvoir se lever. Cette peine nous est infligée parce que nous avons fumé dans la batterie.

L'hiver arrive; nos femmes et nos enfants sont par notre absence plongés dans le chagrin et la misère, notre santé s'altère. Ne serait-il pas temps de mettre un terme à nos souffrances, et l'opinion publique se refusera-t-elle à réclamer avec nous, au nom de l'humanité, du droit et de la justice :

La liberté ou des juges.

Persuadés que vous ne refuserez pas une petite place à nos cris de détresse, recevez, monsieur le rédacteur, l'assurance de notre considération et de notre reconnaissance.

Les prévenus en rade de Brest,
pour tous leurs frères,

TAVERNIER, ELOUIS L. P., A. LEJEUNE. L P.

Nous pourrions continuer ces citations et ces aveux, arrachés malgré eux aux écrivains et aux journalistes versaillais; nous nous réservons d'y revenir plus tard en y joignant les souvenirs de nos amis ainsi que ceux qui nous sont personnels, afin d'avoir le droit d'ajouter après le récit de telles horreurs, que jamais une ville prise d'assaut ne fut traitée avec plus de cruauté que Paris ne le fut par ces barbares; que jamais vainqueurs ne se repurent de tant de sang, et qu'aucune armée ne fournit autant de bourreaux. Jamais, non plus, tant de calomnies, d'insultes et d'infamies ne furent déversées sur des vaincus et des prisonniers; nous les reprendrons une à une et en démontrerons la fausseté sans craindre aucunement de faire l'aveu des fautes commises par la Commune et de celles plus ou moins graves commises en son nom.

Nous sommes de ceux qui n'avons nullement l'intention de nous soustraire à la responsabilité de nos actes; nous considérant toujours comme investi du mandat que nos électeurs nous ont confié, il ne peut cesser, selon nous, que le jour où leur en ayant rendu compte ils se seront prononcés à notre égard. Nous croyons le suffrage universel supérieur aux décisions de Versailles et tant qu'il n'aura pas rendu le verdict auquel nous faisons appel, nous parlerons en son nom, certain d'en avoir d'autant plus le droit que la majorité est restée de notre côté, quoiqu'aient pu faire nos adversaires avant le 26 mars et depuis le triomphe de Versailles.

Que nos électeurs en soient donc bien convaincus, un jour, bientôt peut-être, nous nous représenterons devant eux et ainsi que nous l'avons fait le vingt mai dernier nous saurons rendre compte de notre mandat et nous soumettre à l'arrêt qu'ils prononceront (1).

Que les représentants de Paris à l'assemblée de Versailles osent en faire autant. Qu'ils viennent dire ce qu'ils ont fait dans cette assemblée; à quoi ont servi les quelques votes qu'ils y ont émis, les quelques discours qu'ils y ont prononcés, les quelques lettres ou manifestes qu'ils y ont signés?

Pourquoi au moment du danger ces hommes n'étaient-ils pas présents au milieu de leurs électeurs afin de partager leurs périls et de protester par leur présence en faveur des droits d'une ville qui se débattait sous l'étreinte de toutes les réactions et de toutes les haines coalisées contre elle?

Une semblable attitude aurait peut-être empêché la guerre civile, et si elle n'avait pu être évitée, il est très-probable que la victoire n'aurait pas été remportée par Versailles mais bien par la République. Combien alors le chiffre des victimes aurait été moindre? Combien de familles qui ne seraient pas en deuil! Combien de ruines que nous n'aurions pas à regretter!.,...

Mais non, ces hommes ont préféré rester au milieu des bombardeurs et des assassins qui détruisaient la ville qu'ils

---

(1) Voir aux *Pièces justificatives*, D.

représentaient et massacraient les électeurs pui les avaient nommés. Ils ont préféré voter, le vingt-deux mai, alors que les citoyens de Paris tombaient en héros ou en martyrs sous les coups de Versailles ; ils ont, disons-nous, préféré voter à l'unanimité (1) des remerciements à l'armée de Versailles qui les assassinait et déclarer qu'elle avait bien mérité de la patrie. O Paris ! souviens-toi de ces élus renégats que la peur a rendus lâches et qui à force de composer avec leur conscience et de mentir à leur mandat en sont venus à féliciter tes assassins et à se faire leurs complices. L'histoire sera sévère pour eux, mais elle sera juste.

Des idées émises au commencement de ce discours, nous prétendons conclure que le fait de l'antagonisme politique et surtout social qui existe entre les différentes classes de la société ne peut être imputé aux travailleurs, c'est à dire à la grande majorité des citoyens ; ceux-là n'ont servi jusqu'à présent qu'à faire réussir l'ambition de leurs différents maîtres et ils ne sont coupables que de n'avoir pas encore compris quelle force leur nombre mettra à leur service le jour où il sauront s'en servir.

Ceux qui sont responsables de cet état de choses appartiennent à ces classes privilégiées sous le rapport de l'instruction, de la fortune ou du pouvoir. Ce sont ces classes qui gouvernent et régissent la société ; ce sont elles qui l'ont faite ce qu'elle est, et prétendent la conserver ainsi.

Oui, ces hommes qui n'ont su prévoir aucune catastrophe, empêcher aucun conflit, réagir contre aucune mauvaise cause ; ou plutôt qui les ont désirés, préparés et

---

(1) Moins toutefois M. Tolain, qui s'est abstenu.

propagés; ces hommes qui ont emprunté au passé ses priviléges et sa force brutale et veulent les imposer au présent; faire revivre parmi nous une féodalité industrielle remplaçant, dépassant même la féodalité des barons du moyen-âge ; donner à la bourgeoisie que nous avons aidée à s'émanciper les droits que s'était arrogés la noblesse, conserver à un clergé oligarchique ses priviléges anti-sociaux, ces hommes viennent nous dire qu'ils sont et resteront conservateurs !

Que ceux qui luttent pour la liberté et l'affranchissement des peuples se lèvent pour leur répondre; qu'ils démasquent leurs intrigues et leurs mensonges ; qu'ils dévoilent leur passé et réfutent leur fausse science ; qu'ils fassent connaître à ceux qui se sont laissé tromper par les racoleurs de la bourgeoisie quelle cause ils servent sans s'en douter; enfin qu'ils continuent à combattre énergiquement ceux qui la défendent.

Quant à nous, nous repèterons encore ce que nous écrivions il y a quatre ans en nous adressant à nos camarades qui nous avaient délégué pour les représenter à l'Exposition de 1867. « N'oublions pas, disions-nous alors, que plus nous serons unis, plus proche sera la solution du problème social qui ne peut être résolu, croyons-nous, que par ceux qui sont la preuve vivante ou de l'impuissance ou du mauvais vouloir du génie politique de tous les âges (1). »

Il nous reste maintenant à démontrer ce qu'il résulte des faits que nous avons exposés, c'est à dire parmi les différentes classes de la société quelles sont les plus cruelles, les plus sanguinaires et les plus implacables dans

(1) *La Reliure aux Expositions de l'Industrie*, Introduction.

leurs ressentiments ; en un mot, quel est le plus féroce de celui qui possède ou de celui qui ne possède pas ? Quel est le plus lâche de celui qui travaille ou de celui qui ne travaille pas ? Quel est le plus juste de celui qui est le plus instruit ou de celui qui est le plus ignorant ?

L'histoire répond à ces questions, et sans vouloir remonter aux générations passées dont nos ennemis pourraient ne pas se déclarer solidaires, n'examinons leur conduite que depuis 1830, époque des premiers jours de la puissance de ceux qui gouvernent la France aujourd'hui. Certes le vainqueur des journées de Juillet fut bien le peuple des faubourgs dans les rangs duquel se voyaient çà et là quelques petits groupes de commerçants, d'industriels et d'étudiants. Ce fut bien réellement au peuple à qui Louis-Philippe eut affaire et dut demander la permission d'aller à l'Hôtel-de-Ville faire proclamer par le trop populaire Lafayette qu'il était, quoique Bourbon, *la meilleure des Républiques*.

Quelles ont été les victimes de la fureur du vainqueur, c'est à dire du peuple qui fut durant plusieurs jours maître absolu de Paris ? Quels sont les riches qu'il poursuivit de sa haine, les nobles qu'il immola ?..... Nous nous souvenons de cette gravure montrant des combattants à la recherche d'un Suisse de la garde de Charles X ; arrivés dans la chambre où cet homme s'était réfugié, ils le trouvent couché et on leur dit qu'il était blessé. Cela n'était pas, mais on ne fit pas un vain appel à leur générosité. Devant un adversaire désarmé leur colère s'évanouit ; ils présentent les armes à celui qu'ils combattaient il y avait à peine quelques instants, et le laissent où ils l'avaient trouvé.

Voilà ce que fut le peuple après la bataille ; il fit plus, car il abandonna le pouvoir à ceux qui lui promirent d'en bien disposer, se contentant pour toute garantie de la charte que nous connaissons.

La meilleure des Républiques finit par nous y conduire, et en Février 1848 le peuple ressaisit de nouveau le pouvoir. Quel usage fit-il alors de sa puissance? Où sont les orléanistes qu'il emprisonna, les philippistes qu'il fusilla, les guizotins qu'il massacra? Voyons, messieurs les conservateurs, faites appel à vos souvenirs et montrez-nous les listes de proscription de Février 1848; comptons ensemble, si vous le voulez bien, les maisons qui furent livrées au pillage, les citoyens qui furent dévalisés.

Avec la meilleure volonté nous ne pourrons constater que quelques dégâts aux Tuileries ainsi qu'au Palais-Royal, et les dévastations des châteaux de Neuilly et de Suresnes.

Les Tuileries, le Palais-Royal et le château de Neuilly étaient habités par Louis-Philippe, et le peuple avait trop présents à la mémoire les bassesses, les turpitudes et les crimes de ce règne pour garder tout son sang-froid le jour de la victoire. Il connaissait la source de ces richesses et leur contemplation ne pouvait qu'accroître sa colère. Peut-être aussi plusieurs de ceux qui commirent ces actes espéraient empêcher le retour de la royauté en en détruisant les insignes ; hélas, que ces citoyens ont dû être désabusés depuis!

Le château de Suresnes appartenait à M. de Rothschild et l'on savait qu'en 1847 il avait par ses spéculations sur les grains contribué à la cherté du pain ; ceux qui avaient eu faim s'en sont souvenus......... Ceux-là seuls qui ont manqué du nécessaire ont le droit de les condamner. Ajoutons que ces actes furent désavoués par presque tous les combattants des barricades lesquels ne se gênèrent nullement pour fusiller quelques voleurs qui s'étaient glissés dans leurs rangs.

Je ne crois pas que les ennemis du peuple aient aucun fait à ajouter à ceux que je viens de rapporter. Paris se trouva pendant plusieurs semaines à la discrétion absolue des travailleurs, et aucun citoyen, quels que fussent ses antécédents et ses opinions, ne souffrit de ce pouvoir ni dans sa personne, ni dans ses biens. Constatons-le et passons à la Révolution du 4 Septembre 1870.

Celle-là eut un caratère tout particulier; elle se fit sans victimes et se continua sans proscriptions d'aucune sorte. Les ressentiments du peuple étaient pourtant très-vifs et il savait où trouver les fonctionnaires de l'empire, les sergents de ville aux casse-têtes et les agents éhontés du dernier plébiscite. Mais son mépris l'emporta sur sa colère, et son dégoût envers les misérables qui avaient précipité la France dans l'abîme fut plus fort que sa justice. Il pensa aux Allemands qui s'avançaient, s'apprêta à les recevoir et remit à plus tard les revendications qu'il avait à produire.

Pour la troisième fois depuis quarante ans le pouvoir appartenait à celui qui ne devrait jamais s'en dessaisir; pour la troisième fois nous demandons à ceux qui l'exploitent, l'accusent et le persécutent, de signaler les abus qu'il en fit. Organisa-t-il des cours martiales, des conseils de guerre ou des commissions mixtes? Condamna-t-il à la déportation ceux qui ne pensaient pas comme lui? Expédia-t-il sur les pontons ou dans les citadelles ceux qui l'avaient combattu, traqué, dénoncé? Enfin a-t-il fusillé ceux qui l'avaient massacré en Juin et mitraillé en Décembre?

La page d'histoire que nous rappelons est d'hier, qui pourra contester son témoignage en faveur de ceux envers laquelle nous l'invoquons?

Voilà le bilan des victoires contemporaines du prolétariat ; voyons maintenant celui de ses adversaires durant la même période.

La royauté bourgeoise de 1830 ouvre la marche. Ce n'est pas ici le lieu de rappeler les hontes que sa politique à l'extérieur infligea à la France, ni ses dilapidations, ni ses concussions, ni ses scandales, ses infamies et ses crimes qui montèrent jusqu'aux marches du trône ; à peine avons-nous le temps de signaler ses provocations et ses cruels triomphes contre ceux qui revendiquaient leurs droits de citoyens et de travailleurs ; les journées de Lyon où les prolétaires qui demandaient *à vivre en travaillant ou à mourir en combattant* tombèrent foudroyés par les canons et les fusillades, la bataille du cloître St-Merri, le massacre de la rue Transnonain, les répressions sanglantes des coalitions d'ouvriers et la condamnation aux galères de ceux qui n'avaient pas succombé ; les républicains des départements traqués, arrêtés et condamnés à Lyon, Grenoble, Lunéville, Epinal, St-Etienne, Marseille, Toulouse, Bordeaux, Foix, Lille, etc., etc. ; les prisonniers politiques entassés et persécutés à Doullens, au Mont St-Michel et ailleurs.

Ce régime de corruption et de répression sanglante dura dix-huit années, jusqu'à ce qu'enfin le peuple en vint à bout et le remplaça par la République de Février 1848, au nom de laquelle quatre mois plus tard on lui fit payer sa victoire sur la royauté par l'hécatombe de Juin.

Comment la bourgeoisie a-t-elle usé de son sanglant triomphe? Sut-elle se montrer généreuse ou seulement intelligente ? Allez le demander à ceux qui ont entendu les détonations dirigées dans les cours des maisons sur les prolétaires vaincus ou simplement soupçonnés ; allez le demander à ceux qui ont vu retirer des caves et des souterrains des Tuileries les cadavres des malheureux prisonniers qui y furent fusillés par les soupiraux ; interrogez aussi la terre africaine, vous y verrez les tombes de ceux que la bourgeoisie victorieuse y fit déporter et y entendrez encore les malédictions de leurs enfants.

Après Juin vint Décembre, l'Austerlitz de Napoléon le Sédentaire ; cet homme *providentiel* fit au nom de la religion, de la famille et de la propriété un nouveau massacre de ceux qui croyant au droit et ayant foi en la justice s'étaient levés contre Bonaparte le parjure.

N'avez-vous pas encore, généraux, officiers et soldats qui cette nuit égorgeâtes la République, du sang de décembre à vos mains ? N'êtes-vous pas leurs complices, vous magistrats qui osâtes rendre des arrêts en faveur des bourreaux et condamner leurs victimes ; et vous préfets, fonctionnaires de tous ordres, n'avez-vous pas exécuté les volontés de ces bandits ?

Jusque dans les rangs du clergé ils eurent des complices, prêtres ou évêques, qui chantèrent des *Te Deum* en l'honneur des assassins et menèrent ensuite les ouailles de leurs troupeaux voter en faveur du président Louis-Napoléon, le traître et le félon.

Cette victoire du crime doit encore être portée au bilan de la bourgeoisie. Les principaux acteurs de cet attentat ne sortaient-ils pas de ses rangs ; n'a-t-elle pas eu sa part dans la curée impériale et enfin n'a-t-elle pas soutenu ce régime tant qu'il a eu des baïonnettes et des casse-têtes à son service ?

Qu'elle prenne donc sa part des fusillades, des boucheries dans les rues et sur les boulevards, des exécutions en province, des jugements des commissions mixtes, des déportations dans les bagnes, en Afrique et à Cayenne, et que les imprécations de tous les gens de cœur, de tous les républicains; ainsi que les désastres, les ruines et les hontes de la France dont ce régime a été la cause, retombent encore une fois sur cette classe de gouvernants et de privilégiés pour lesquels notre pays est une proie et le peuple un instrument.

La dernière victoire remportée par « l'armée philanthropique et glorieuse de l'Ordre (1) » date de quatre mois, et depuis cette époque le pays est terrorisé ; les prisons, les pontons, les bagnes regorgent de malheureux coupables d'avoir voulu défendre la République et leurs droits de citoyens ; la Nouvelle-Calédonie, Nouka-Hiva, Lambessa et Cayenne vont recevoir de nouvelles proies ; les faubourgs, les ateliers sont dépeuplés ; le commerce est suspendu, l'industrie silencieuse : il ne reste plus au nom de *l'Ordre qui règne à Paris*, qu'à effacer les dernières traces de la République et à montrer au peuple le nouveau sauveur qui doit le rendre aussi heureux...... que l'ont fait ses prédécesseurs.

Ce couronnement de l'édifice versaillais, s'il se réalise, durera jusqu'au moment où de nouveaux événements surgissant, de nouvelles fautes se commettant (et l'on peut être certain que la bourgeoisie libérale ou conservatrice ne faillira pas à cette tâche), le peuple redevienne encore une fois son maître. Ce résultat est certain, nous ajouterons sans crainte d'être démenti qu'il est inévitable, car les classes qui nous gouvernent sont, à leur tour, devenues semblables à la race qu'elles ont remplacée : elles aussi n'ont su rien apprendre ni rien oublier.

La certitude du triomphe de la cause que nous servons ne se base pas seulement sur le vif désir que nous avons

---

(1) Expression du docteur Ermete Pierotti.—*Décrets et Rapports officiels de la Commune de Paris et du Gouvernement français à Versailles.* Appendice, p. 83.

de le voir se réaliser, elle ne repose pas seulement sur sur les données historiques et philosophiques que nous possédons, elle s'appuie aussi sur les craintes de nos adversaires, sur les terreurs de nos gouvernants, nous dirons même sur la peur de nos vainqueurs.

Oui, la peur s'est emparée de nos vainqueurs, car ils savent que leur dernière victoire est de celles que l'on ne remporte pas deux fois, et n'ignorent pas que le peuple, soumis mais non dompté, ne pourra jamais oublier la guerre d'extermination qui lui a été faite ainsi que les horreurs sans nom qui l'ont accompagnée.

La crainte de l'inévitable revanche est déjà le commencement du châtiment de ces misérables. Malheur aux vaincus que ce jour verra, car il aura pour eux l'amertume de toutes les larmes que Versailles a fait verser et se ressentira de toutes les douleurs qu'il a causées. Qui donc osera alors conseiller au peuple la modération ?..... Et s'il se souvient des cruautés de tous genres dont il a été victime, s'il se laisse emporter par sa colère, en un mot s'il ne fait que vous rendre le mal que vous lui avez fait, aurez-vous seulement le droit de vous plaindre, vous les bourreaux, les insulteurs et les calomniateurs d'aujourd'hui?

Nous ne craignons pas de l'avouer, nous sommes de ceux que cet avenir trouble et fait réfléchir, car la violence nous a toujours répugné; jamais nous n'avons voulu en faire un système ni la prendre pour règle de conduite, et jusqu'aux derniers événements dont Paris a été le théâtre nous espérions que la lutte entre le prolétariat et la bourgeoisie ne deviendrait pas ce que Versailles a voulu qu'elle fût; nous ne pensions pas voir de nouvelles journées de juin; hélas, l'implacable bourgeoisie les a cette fois fait durer des semaines; c'est ainsi seulement qu'elle entend le progrès!

Aussi en présence de la haine dont le prolétariat est l'objet de la part d'une réaction aveugle et féroce, en pensant au nombre considérable des dernières victimes, devant les douleurs et les misères innombrables dont souffrent des milliers de familles, nous devons déclarer que nous ne nous reconnaissons plus le droit de conseiller la modération, et sans regretter néanmoins de l'avoir fait jusqu'ici, nous nous demandons si après avoir pardonné en Juilllet 1830, oublié en Février 1848, et dédaigné en Septembre 1870, il convient de recommencer encore une fois ces générosités. Nous posons la question, le peuple se chargera de la résoudre.

Nous ne voulons pas terminer sans engager fermement ceux qui ont foi en un meilleur avenir et combattent pour l'émancipation complète du travail et des travailleurs à continuer courageusement, sans faiblesse comme sans forfanterie, l'œuvre entreprise. Nous traversons une crise suprême ; suprême doit être l'énergie, indomptable la persévérance. Que les obstacles soient pour nous des aiguillons, nos défaites des leçons, et les fautes de nos ennemis les avant-coureurs du triomphe de notre cause ; que les défaillants se relèvent et, songeant à la grandeur du but à atteindre, se remettent résolument à l'œuvre ; enfin nous tous, défenseurs de la même idée, n'oublions pas ceux qui sont tombés et souvenons-nous des promesses faites sur leurs tombes et à leurs mémoires !

La voie à suivre est maintenant du reste indiquée ; nous n'ignorons plus que le manque de confiance du peuple en lui-même, la crédulité aveugle qu'il a continué d'accorder à des hommes qui en ont toujours indignement abusé, sont les causes principales de nos désastres. Pour combattre et remplacer un tel état de choses il est de toute nécessité de prendre le contre-pied de la marche suivie jusqu'ici ; au 26 mars cet écueil fut en partie tourné et les fureurs réactionnaires en apprenant les élections de ce jour, montrent qu'on avait frappé juste sinon par le choix de tous les mandataires, du moins par la mise en pratique de l'idée qui avait présidé à leur nomination.

Il faut continuer ainsi; trop longtemps les votes populaires se sont attachés à des noms connus, trop connus, hélas! Que ce soit désormais le tour des inconnus; ceux-là, du moins, n'ont pas trahi leur pays, menti à leurs promesses, ni fait égorger leurs concitoyens.

Néanmoins il est toujours indispensable de raisonner ses choix, car par un inconnu nous n'entendons nullement dire le premier venu. Se défier des personnalités trop bruyantes, des promesses trop étendues, des réputations surfaites, est le devoir étroit des citoyens, qui doivent bien plutôt s'attacher à découvrir les capacités dont ils ont besoin pour la gestion de leurs affaires, qu'à accepter celles qui se présentent; ils doivent aussi préciser la nature du mandat qu'ils confient, et faire en sorte que sa durée, suffisante pour montrer les aptitudes de l'élu, soit insuffisante à l'ambitieux qui voudrait l'exploiter.

Le jour où le peuple aura ressaisi le pouvoir qui lui appartient, le jour où il saura s'en servir ainsi, la monarchie et la réaction clérico-bourgeoise seront bien malades, et pour les réduire à l'impuissance, les empêcher de nuire, il sera alors bien facile de supprimer les priviléges de toutes sortes qui les font vivre et sans lesquels ils ne seraient rien.

Enfin persuadons-nous bien que la solution de la question sociale doit, pour être résolue, faire l'objet de nos méditations les plus sérieuses, de nos efforts les plus persévérants, et que notre intime solidarité, la défense énergique de nos droits mais aussi la pratique absolue de nos devoirs peuvent seules nous faire parvenir au but que nous désirons tous : *l'affranchissement des travailleurs par les travailleurs eux-mêmes.*

Alors, nous en avons le ferme espoir, l'horizon de nos destinées s'éclaircira ; la fédération des communes d'une même province, des provinces d'un même pays pourra s'accomplir ; de là à la fédération des peuples entr'eux il n'y aura plus qu'un pas facile à franchir.

Ce système politique, plus conforme aux lois de la justice, vraiment rationnel et moins dispendieux que le système unitaire et centralisateur remplacera avantageusement ce dernier, lequel n'a servi jusqu'ici qu'à faciliter les entreprises des despotes, maintenir les priviléges des classes dirigeantes et leur permettre d'exploiter à leur profit les peuples qu'ils ont la prétention de représenter.

Quand ce nouvel ordre de choses se réalisera, le travailleur pourra véritablement se dire son maître : à l'ombre du drapeau rouge qu'il aura relevé, aux reflets radieux et énergiques de sa brillante couleur qui lui rappellera le sang des citoyens de tous sexes et de tous âges qui sont tombés pour la plus belle et la plus juste des causes, il pourra, dans le Panthéon de ses gloires et de ses souvenirs, montrer à ses enfants le vestige du passé maudit qu'aura remplacé la Nouvelle République ; ce sera le dernier drapeau tricolore, sur le blanc sali et maculé duquel on pourra encore lire :

LES AMIS DE L'ORDRE A LEURS SAUVEURS

JUIN 1848

DÉCEMBRE 1851

ROME ET MEXIQUE

SEDAN ET METZ

MAI 1871

NOTES
ET
PIÈCES JUSTIFICATIVES

A

Les bombes à pétrole et les balles explosibles ont été niées avec l'indignation cafarde d'un Jules Favre par le commandant Gaveau, l'insulteur versaillais du troisième Conseil de guerre ; nous nous contenterons, quant à présent, d'affirmer qu'étant à Vanves nous avons VU ces obus s'abattre sur Paris et en même temps se déclarer les incendies qu'ils allumaient du côté d'Auteuil et de Passy.

En ce qui concerne les balles explosibles, nous déclarons qu'il a été présenté en séance de la Commune, nous étant présent, des balles explosibles saisies sur un sergent de ville fait prisonnier. Nous pourrions aussi citer à ce sujet des témoins qui ont pu constater sur des membres amputés des blessures causées par ces projectiles, blessures toutes différentes de celles occasionnées par ces balles de chassepot.

B

Voici la pièce officielle qui apprit à la population parisienne cette nouvelle barbarie de nos ennemis :

RÉPUBLIQUE FRANÇAISE.
Liberté, Egalité, Fraternité.
COMMUNE DE PARIS.
Quatrième arrondissement.

Citoyens,

Nous recevons du commandant du 22ᵉ bataillon, bataillon qui

se rendait pour la première fois au feu et dont la conduite résolue mérite tous nos éloges, la lettre suivante.

A la lecture de ces horreurs un seul cri s'échappera de vos poitrines : Vengeance,

*Les membres de la Commune
élus par le quatrième arrondissement :*
AMOUROUX, Arthur ARNOULD, Adolphe CLÉMENCE,
E. GÉRARDIN, LEFRANÇAIS.

« Vanves, 11 mai 1871.

« Un acte d'abominable férocité vient encore s'ajouter au bilan des bandes versaillaises et démasque une fois de plus ces prétendus défenseurs de l'Ordre.

» Aujourd'hui, 11 mai, à quatre heures du matin, le 22ᵉ bataillon conduit par un *guide* plus brave qu'expérimenté est tombé en plein dans les postes versaillais.

» Pris entre deux murs et une barricade et accueillis par des feux de pelotons très nourris, nous avons dû laisser sur le terrain huit blessés (1) qui tous ont été achevés par les soldats du 64ᵉ de ligne, à l'exception d'un seul qui a eu le sang-froid de ne pas donner signe de vie.

» Mais ce qui ajoute à l'horreur de cette boucherie, c'est qu'une jeune fille, infirmière au bataillon, a été assassinée au moment où elle donnait ses soins à nos blessés.

» Sa jeunesse, son dévouement, non plus que la croix de Genève qu'elle portait sur la poitrine, n'ont pu lui faire trouver grâce devant ces bandits.

» Ces faits sont attestés par tous les officiers de mon bataillon de marche.

» Le commandant du 22ᵉ bataillon,
» NORO.

» DENIS, capitaine ; PÉCOURIÉ, DUPUIS Félix, etc. »

(1) Nous avons appris plus tard que le chiffre s'en est élevé à treize.
A. C.

C

A ce sujet nous rappellerons un témoignage officiel qui n'a pas été contesté, c'est la protestation du Comité d'émigration polonais présidé par le prince Czartoriski, lequel l'a adressée sous forme de mémoire à l'Assemblée de Versailles. Cette pièce a été reproduite par le journal *Le Siècle* dans un de ses numéros du mois de juin dernier.

Ce mémoire constate que les citoyens Dalewski et Vernicki furent fusillés, parce que l'on trouva dans le magasin de librairie du premier deux litres de pétrole destinés à l'éclairage de l'établissement.

Il constate également que des lumières aperçues chez les citoyens Roswadowski, Schweitzer et Lewicki les firent soupçonner de faire des signaux aux fédérés; leurs noms polonais suffirent pour changer ces soupçons en certitude : on les fusilla immédiatement.

Le mémoire que nous rappelons relate les investigations faites par le Comité d'émigration, afin de pouvoir prouver l'innocence de ces malheureux.

Nous répétons qu'il n'a été contesté en aucune façon.

D

RÉPUBLIQUE FRANÇAISE.
Liberté, Egalité, Fraternité.

COMMUNE DE PARIS.
Mairie du IV° arrondissement.

Les membres de la Commune élus dans le IV° arrondissement, en vertu du principe démocratique qui exige que tout administrateur rende des comptes à ses administrés, et que tout mandataire politique rende compte de sa conduite devant ses mandants, convoquent les électeurs du IVe arrondissement, pour samedi soir, 20 mai 1871, à huit heures, au Théâtre Lyrique.

On ne sera reçu que sur la présentation d'une carte d'électeur ou de toute autre pièce constatant l'identité.

Paris, le 16 mai 1871.

Les membres de la Commune,

Amouroux, Arthur Arnould, Adolphe Clémence, Eugène Gérardin, G. Lefrançais.

ERRATUM :

Page 24, lig. 13 — au lieu de 3 *mai*, lisez : *31 mai*.

ACHEVÉ D'IMPRIMER

LE

31 Octobre 1871

DANS L'IMPRIMERIE DE

G. GUILLAUME FILS

A NEUCHATEL

(Suisse).

www.ingramcontent.com/pod-product-compliance
Lightning Source LLC
Chambersburg PA
CBHW070711050426
42451CB00008B/604